PÈLERINAGE NATIONAL

DE FRANCE A ROME

DU 23 AVRIL AU 25 MAI 1877

LETTRES D'UN PÈLERIN

PAR

AUGUSTE AIGUEPERSE

Rédacteur du Journal LE MONDE

PARIS

AUX BUREAUX DU JOURNAL *LE MONDE*

9, RUE BAILLIF, 9

—

1877

LETTRES D'UN PÈLERIN

PARIS

IMPRIMERIE BALITOUT, QUESTROY ET Cᵉ

7. rue Baillif, 7.

PÈLERINAGE NATIONAL

DE FRANCE A ROME

DU 23 AVRIL AU 25 MAI 1877

LETTRES D'UN PELERIN

PAR

AUGUSTE AIGUEPERSE

Rédacteur du Journal LE MONDE

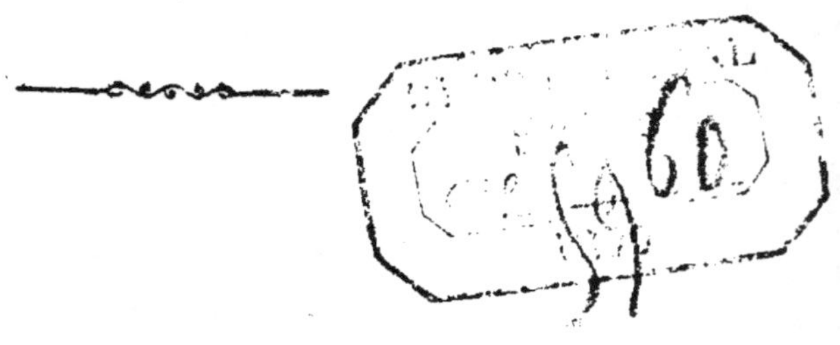

PARIS

AUX BUREAUX DU JOURNAL *LE MONDE*

9, RUE BAILLIF, 9

1877

Nous publions les Lettres qui suivent telles que nous les avons écrites au jour le jour. Elles renferment des indications assez complètes, quoique succinctes, sur le Pèlerinage national de France à Rome, parti de Paris sous la présidence de M. le vicomte de Damas et sous la direction des RR. PP. Picard et Hippolyte, des Augustins de l'Assomption. Nous souhaitons que ces Lettres soient un mémorial de quelque valeur pour les pèlerins, mais nous ne prétendons rien de plus. Nous ne pouvions pas songer à décrire toutes les merveilles qu'ils ont admirées, encore moins à nous faire l'interprète de toutes leurs impressions. Ce que nous savons bien, c'est qu'un nom, une date, une parole suffiront à réveiller dans leurs âmes un monde de pieuses émotions et de charmants souvenirs.

LETTRES D'UN PÈLERIN

Turin, 25 avril.

Le pèlerinage national vient d'achever ici sa première étape sur le chemin de Rome. Les deux principaux groupes de pèlerins, partis de Paris avant-hier, 23 avril, après s'être retrempés dans la prière à la chapelle de la rue François Ier, et s'être réchauffés à l'ardente parole du R. P. Vincent-de-Paul Bailly, se sont trouvés réunis ce matin, à sept heures, à d'autres pèlerins venus de province, dans la chapelle du Saint-Suaire de Turin. Les derniers venus, arrivés seulement aujourd'hui à quatre heures, sous la conduite du R. P. Hyppolyte, ne paraissent pas se sentir de leurs fatigues.

Le groupe le plus considérable était arrivé hier, à dix heures du soir, conduit par le vicomte de Damas, qui a déjà mis au service de tous ce dévouement si connu, qu'il exerce avec toute la piété du chrétien et toute l'urbanité du gentilhomme.

A la gare, nous étions attendus par une foule nombreuse et très sympathique. La société de la Jeunesse catholique était là, ayant à sa tête son président, le comte Balbo. Tous ces jeunes gens, parmi lesquels la reconnaissance nous fait un devoir de signaler M. Alberto Buffa, formaient comme un état-major autour de l'infatigable P. Picard, arrivé avant nous pour nous préparer le chemin. Les voyageurs étaient renseignés sur les hôtels, accompagnés ; des particuliers offraient une généreuse hospitalité, surtout aux prêtres, qui n'ont pu suffire au nombre des demandes.

Le R. P. Picard n'avait pas perdu sa journée ; il l'avait employée à visiter quelques-unes de ces œuvres admirables qui germent avec tant d'abondance sur le sol catholique de l'Italie, cette terre de la Papauté. Turin en compte beaucoup, deux surtout que nous devons mentionner en passant.

La première, c'est l'Œuvre fondée par Dom Jean Bosco, qui se dévoue à venir en aide aux jeunes garçons pauvres et prépare leur vie. Depuis sa fondation, elle a donné à l'Église plus de six mille prêtres, dont cinq cents sont entrés dans la Congrégation de Dom Bosco. Elle a actuellement à sa charge quatorze mille jeunes gens ; elle possède une maison splendide à Turin, et beaucoup de succursales dans les autres villes d'Italie. Cette œuvre a débuté comme toutes les œuvres de Dieu. Un pauvre prêtre s'est mis à faire le catéchisme à quelques enfants dans une prairie, une maisonnette ensuite a été bâtie, et elle est devenue la magnifique maison d'aujourd'hui.

Une autre œuvre est due au chanoine Cottolengo, mort, il y a quelques années, en odeur de sainteté. Il a élevé une maison qui abrite près de trois mille habitants. Elle donne asile à toutes les infirmités. L'Œuvre s'appelle la *Petite-Providence*, et elle est la bien nommée, car là où s'arrête la providence humaine commence la sienne, qui est celle de Dieu. « Nous recevons, disent ses directeurs, ceux dont on ne veut nulle part. »

Il est bien nécessaire que les établissements de charité se multiplient ici, car la misère est grande. Les impôts sont écrasants; ils s'élèvent à plus de 33 1/2 °/₀. L'œuvre du chanoine Cottolengo, fondée par des pauvres pour des pauvres, doit payer annuellement 40,000 francs pour droit de mouture. On conçoit qu'un pareil impôt ne soit guère populaire en Italie.

La messe du pèlerinage a été célébrée par M. Beauregard, grand-vicaire de Mgr l'évêque de Clermont. Mgr l'archevêque de Turin, qui avait bien voulu officier l'année dernière, était trop souffrant, cette année, pour pouvoir nous accorder la même faveur. Le R. P. Picard nous a adressé quelques chaleureuses paroles, en nous recommandant la piété et la prudence : nous sommes des pèlerins qui allons au Pape, et non des commis-voyageurs en politique ou des touristes.

Milan, 26 avril.

Nous avons fait à peine le premier pas dans la voie du pèlerinage de Rome, et déjà les joies sont grandes, les émotions sont vives et les grâces abondantes. Nous sommes éclairés d'un beau soleil et nous voyageons en plein printemps d'Italie. Sur notre passage les souvenirs chrétiens commencent à se multiplier, les reliquaires où sont déposés les corps des saints s'ouvrent pour nous, et ces glorieux serviteurs de Dieu sont au premier rang parmi les hôtes qui nous font un si doux accueil.

A Milan, nous venons de vénérer les maîtres dans l'éloquence et dans la science divine et les maîtres dans la divine charité : Saint Ambroise et saint Augustin, saint Gervais et saint Protais, et saint Charles Borromée.

Hier, à cinq heures du soir, les six cents pèlerins, réunis dans l'antique église de Saint-Ambroise, se sont développés en procession le long des bas-côtés et sous les portiques du vestibule, et ils sont ensuite descendus, au chant des cantiques, dans la crypte moderne où se trouve la châsse qui renferme les corps de saint Ambroise et des saints Gervais et Protais. Le vitrage des côtés permet de les apercevoir. Dans le compartiment supérieur sont les reliques du grand archevêque, et au-dessous celles des deux frères martyrs, retrouvées, comme l'on sait, en 1871.

Remontés dans l'église, nous avons assisté au salut du Saint-Sacrement, donné par Mgr l'archiprêtre de Saint-Ambroise. Mais auparavant M. l'abbé de Brandt, chanoine d'Amiens, est monté en chaire, et il a traduit avec une émotion communicative les impressions de tous.

Il serait difficile de trouver une église mieux en harmonie que Saint-Ambroise de Milan avec les antiques et précieux souvenirs qu'elle rappelle. Pendant que M. l'abbé de Brandt nous parlait, du haut de cette chaire monumentale de marbre, portée par huit arceaux, le IVe siècle revivait pour nous. Nous apercevions là, mêlé aux auditeurs, le grand Augustin, encore rebelle, mais de plus en plus ébranlé, recueillant les flots d'éloquence qui tombaient de la bouche harmonieuse d'Ambroise. Bientôt c'était le courageux archevêque de Milan qui descendait vers le vestibule, et on l'entrevoyait arrêtant sur le seuil de l'église l'empereur Théodose.

Après le salut, le R. P. Picard nous a annoncé que Mgr l'archevêque de Milan envoyait aux pèlerins sa plus affectueuse bénédiction, et nous avons prié pour le Pape, aux pieds de qui nous allons nous prosterner, pour la conversion des pécheurs, à qui saint Augustin a donné un si bel exemple, et pour la France, à laquelle Dieu veuille accorder beaucoup d'évêques comme Ambroise et des souverains comme Théodose.

Ce matin, la messe du pèlerinage a été célébrée à la cathédrale par Mgr di Provesti, chanoine, chancelier de l'archevêché. Il y a eu de nombreuses communions. Nous sommes descendus ensuite dans la splendide chapelle souterraine où repose le corps de saint Charles Borromée, revêtu de ses habits pontificaux. Il est dans une châsse d'argent dont les panneaux sont en cristal de roche et les moulures en vermeil. La procession a traversé ici, comme hier, à Saint-Ambroise, une foule nombreuse de spectateurs, et nous avons eu une nouvelle occasion d'admirer la foi du peuple italien. Les visages étaient recueillis, les lèvres priaient, l'attitude était pleine de respect. Nous avons admiré cette même tenue dans les quelques militaires qui étaient là par ordre ou par curiosité.

Ce n'est pas ici le lieu de décrire cette merveille du monde que l'on appelle *le Dôme* et qui est la cathédrale. Plus de 6,000 statues la décorent tant à l'intérieur qu'à l'extérieur, et les pèlerins ont pu se promener au milieu des quatre-vingt-dix-huit tourelles gothiques qui ornent le toit.

A une heure, nous disons adieu à cette belle ville de Milan, dont tous les pèlerins emportent, nous pouvons l'assurer, le meilleur souvenir.

Venise, 28 avril.

Avant de raconter les joies mêlées de tristesse de notre pèlerinage à Venise, la reconnaissance nous demande de faire un retour vers Milan. Nous avons reçu des Milanais, nous le répétons, l'accueil le plus gracieux, mais nous devons une mention spéciale au clergé. Doim Giuseppe, maître des cérémonies à la cathédrale, a tout préparé avec une extrême obligeance pour nous recevoir. Mgr Dom Luigi di Provesti nous a adressé, avant de célébrer la messe du pèlerinage, quelques charmantes paroles en français, pour nous souhaiter la bienvenue et nous dire combien il était heureux des exemples de foi donnés par les pèlerins de la France. Enfin, S. G. l'archevêque de Milan, Mgr de Calabiana, a fait un accueil des plus affectueux aux directeurs du pèlerinage, et il a permis de confesser à tous les prêtres autorisés dans leurs diocèses.

Au départ, nous avons été accompagnés jusqu'à la gare par trois vénérables prêtres et par le duc Scotti, le comte Melzy d'Eril, le comte Lurani, président des conférences de Saint-Vincent de Paul, et plusieurs membres de la Jeunesse catholique. Les employés du chemin de fer, dont l'obligeance, jusqu'ici, a été toujours parfaite, avaient mis à notre disposition, comme la veille, un train spécial.

Quoique le lieu, l'heure et la durée des stations aient été réglés avec beaucoup d'intelligence, nous sommes forcés de laisser sur notre passage plusieurs sanctuaires dignes d'une pieuse visite. Nous tâchons du moins de leur envoyer une pensée et une prière.

C'est ainsi qu'en sortant de Turin, nous avons passé assez près de Notre-Dame d'Oropa, célèbre sanctuaire, bâti sur la montagne de Biella, qui renferme une image miraculeuse de la Vierge, attribuée à saint Luc. Il y a là un immense établissement hospitalier, qui donne le logement gratuit à 5,000 pèlerins. Les pauvres y sont reçus et nourris pendant trois jours. Un peu plus loin, à Orta, qui domine le petit lac de ce nom, on a construit un grand nombre de chapelles qui renferment des statues reproduisant les principaux traits de la vie de saint François d'Assise. A Varallo, dans le voisinage de Milan, sur une colline encore, on a représenté de la même manière, et avec plus de perfection, toute la vie de Notre-Seigneur. C'est là que se trouve la célèbre grotte de l'Agonie, où saint Charles Borromée venait passer des jours d'une retraite si rigoureuse.

Enfin, sur la route de Milan à Venise, nous avons rencontré Brescia d'abord et ensuite Desenzano. A Brescia est le corps de saint Angèle de Merici, et l'on conserve la chambre où elle institua son grand Ordre des Ursulines. Desenzano est le lieu de sa naissance, et toute la ville est remplie de son souvenir.

A Brescia, nous avons admiré une de ces inspirations chrétiennes comme l'Italie des Papes sait en produire. Au milieu du magnifique *Campo Santo* ou cimetière, on a élevé un phare, allumé tous les soirs, dont la lueur, aperçue des vivants pendant la nuit, leur dit : Souvenez-vous des morts, et priez pour eux.

En arrivant à Venise, déjà tout saisis par l'aspect de cette ville unique, nous apprenons avec une grande douleur que S. Em. le Cardinal-Patriarche a été frappé d'une attaque d'apoplexie, quelques heures après nous avoir fait annoncer l'excellent accueil qu'il se proposait de nous faire. Quel voile de tristesse jeté sur la journée du lendemain !

Florence, 29 avril.

Grande et belle journée de pèlerinage à Venise, le vendredi 27 avril. Il y a sans doute peu de pèlerins qui n'aient ressenti le soir quelque fatigue ; mais il y en a moins encore qui aient eu la tentation de s'en plaindre.

Nous nous sommes réunis, à huit heures du matin, dans la basilique patriarcale de Saint-Marc. Hélas ! elle était en deuil. Le premier pasteur de cette église, S. Em. le cardinal Joseph Louis Trevisanato était sur son lit d'agonie. La veille même il nous avait fait annoncer qu'il daignerait célébrer la messe du pèlerinage. Mgr l'archiprêtre de Saint-Marc qui, à défaut du patriarche, eût été heureux de nous donner cette marque de bienveillance, était retenu auprès du vénéré cardinal et ne quittait point son chevet. La messe a été célébrée par Mgr Piamonte, prélat romain, directeur général des patronnages à Venise, qui a eu l'honneur, il y a deux ans, de conduire en France le premier pèlerinage italien. Nous devions retrouver, pendant toute la journée, Mgr Piamonte partout où il pouvait nous être utile.

Après cette messe, dite sur le tombeau qui renferme les reliques de saint Marc, dont Venise est en possession depuis plus de dix siècles, les pèlerins ont pu visiter les trésors temporels et spirituels qui enrichissent la basilique romano-byzantine de Saint-Marc. Il leur a été loisible d'étudier, sur les voûtes et le long des murs, toute l'histoire de la mosaïque, depuis son origine jusqu'à nos jours. Ils ont admiré les merveilles du *Tesoro di San Marco*, mais surtout ils ont vénéré avec dévotion le vase en cristal qui contient du sang de Notre-Seigneur, la colonne d'argent avec un morceau de la colonne de la flagellation, la pierre du martyre de saint Jean-Baptiste et d'autres reliques précieuses.

Par une faveur particulière, le voile de fer qui recouvre la *pala d'oro* s'est écarté devant nous. La *pala d'oro* est un grand tableau formé de plaques d'or, constellées de pierreries. Il représente, sur les côtés, la vie de saint Marc et de plusieurs patrons de Venise, et sur des bandes parallèles échelonnées, les prophètes, les apôtres, les anges et enfin les principales scènes de l'Evangile. Déjà, à Saint-Ambroise de Milan, on avait dégagé pour nous, de son enveloppe de fer, le splendide autel, dont les quatre faces sont d'or entremêlé d'émaux et de pierres précieuses. Pour nous encore, on a ouvert à Saint-Marc, pendant que nous chantions l'*Ave Maris stella*, la porte de fer derrière laquelle est cachée une vierge miraculeuse attribuée à saint Luc. On l'appelle la vierge de Constantinople, parce que, plusieurs fois, promenée autour des murs de la ville de Constantin, elle l'a défendue contre les attaques des infidèles. De quelle âme nous avons prié devant cette Vierge, à cette heure où l'Orient est de nouveau en feu ! Avec quelle ardeur nous lui avons demandé de donner à cette redoutable question, qui peut bouleverser le monde, la solution la plus inattendue des politiques, une solution favorable aux intérêts catholiques!

Les pèlerins ont ensuite mis à profit quelques heures de liberté pour visiter Venise. Ceux qui ont gravi les quatre-vingt-dix-huit mètres de hauteur du *Companille* de Saint-Marc, ont pu voir toute la ville des doges dans son beau, c'est-à-dire bien éclairée du soleil. On l'apercevait avec sa large ceinture de lagunes, avec son port rempli de barques et de vaisseaux, avec ses rues qui sont des canaux, avec ses voitures qui sont des gondoles, voire même avec ses pigeons, qui sont, je crois, ses seuls animaux domestique. Mais on pouvait l'apercevoir plus belle encore en parcourant les salles du palais des doges : on la revoyait dans toutes les gloires de son passé. Tous les chefs-d'œuvre de peinture qui décorent ces salles, sont un apothéose de Venise et des hommes qui ont fait sa grande fortune. Il est vrai que le nom seul de salle des dix ou de salle des trois, les *gueules du lion* par lesquelles la délation faisait passer ses traits souvent mortels, les cachots sans lumière, le pont des soupirs, etc., etc., ne laissent qu'un médiocre regret de ne point vivre sous ce régime sombre et autocratique qui fit la force de la cité vénitienne.

A trois heures, nous avons repris en commun nos visites de pèlerinage. On nous pardonnera de nous contenter d'une rapide énumération. A Saint-Pierre *di Castello* nous avons vénéré la tête de sainte Hélène, la mère du premier empereur chrétien. En nous prosternant devant le corps de saint Laurent Justinien, nous avons demandé l'esprit de charité dont ce grand patriarche de Venise fut si profondémeut animé. En baisant la main de saint Cyprien, cette main qui a si vaillamment écrit pour la vérité, nous avons prié pour les écrivains catholiques afin que Dieu les assiste de sa lumière de sa force ; nous avons également priés pour la conversion des scribes, qui s'acharnent en si grand nombre contre Dieu et contre l'Eglise. Ceux d'entre nous qui connaissent la presse, n'ont pas mis dans leur prière, moins de sincérité que les autres ; mais ils ne se dissimulaient pas qu'ils demandaient à Dieu le plus grand miracle qu'il ait jamais accompli.

Saint-Joseph *di Castello* a offert à notre vénération le cœur si doux et si ferme de saint François de Sales. Cette précieuse relique y fut transportée de Lyon à l'époque de la Terreur. Les religieuses du couvent de Saint-Joseph ont eu la gracieuse attention d'offrir aux dames une petite image de sainte Chantal, aux hommes, de saint François de Sales, qui avait touché le reliquaire où est contenu le cœur de leur bienheureux père.

A Saint-Zacharie, nous avons imploré de Dieu, devant les restes du glorieux père de Jean-Baptiste, qu'il multiplie les saints prêtres, ces précurseurs et ces apôtres de Jésus-Christ. Enfin, en faisant retentir le *Credo* devant le corps du grand-Athanase, de l'héroïque athlète de la foi, dont quarante ans d'exil et de tourments ne brisèrent pas la constance, nous avons demandé la grâce de la foi entière, indomptable, qui ne connaît pas les demi-concessions et les compromis. C'est cette foi courageuse, cet amour de l'absolue vérité, que nous a prêché, le soir même, dans l'église de Notre-Dame de Salut, avec une éloquence entraînante et pleine de feu, le R. P. Vernhet, missionnaire apostolique du diocèse de Rhodez.

Le soir, les membres de la Jeunesse catholique ont bien voulu nous recevoir à leur cercle. Nous avons retrouvé là, avec Mgr Piamonte, dom Aurelio Lischiutta, qui a conduit, l'année dernière, le pèlerinage italien en France, le président de la Jeunesse catholique de Venise, l'avocat Paganuzzi, le comte Bianchini, et tous ces jeunes gens dévoués dons nous avions eu mille occasions d'apprécier les bons 'offices. Ils' y ont mis le comble par l'accueil le plus gracieux et le plus distingué.

Dans la journée, beaucoup de pèlerins ont déposé leur carte au palais patriarcal. Les directeurs du pèlerinage out été reçus dans la chambre voisine de celle de l'illustre malade. Il a été prévenu de leur visite, et la communication qu'on lui a faite que les pèlerins avaient prié pour lui pendant tout le jour, lui a été une consolation dont il a pu témoigner. Toute la maison était en pleurs. Mgr Trevisanato était très aimé, nous a-t-on dit, et très populaire ; ouvrier ou noble, tout le monde avait ses entrées auprès de lui. On sait que c'est le lendemain, samedi, à huit heures du matin, que le vénérable cardinal a rendu son âme à Dieu

Assise, 1er mai.

Partis de Venise, de grand matin, le samedi 28 avril, nous sommes arrivés à Padoue à huit heures. Aussitôt le pèlerinage s'est dirigé en procession vers la basilique à sept coupoles, œuvre que la foi et le génie du treizième siècle et des âges suivants ont élevée sur le tombeau de celui que la piété du peuple padouan appela dès le premier jour et appelle encore le *Saint*, de saint Antoine de Padoue, ce fils bien-aimé de saint François, qui reproduit si bien les traits de son père, comme lui doux, pauvre et charmant, comme lui dévoré du zèle des âmes, comme lui encore revêtu par Dieu d'un pouvoir souverain sur la nature.

La messe du pèlerinage a été célébrée par le R. P. Picard, et, sur son éloquente invitation, nous avons demandé la grâce de l'humilité au nom de celui qui en a donné un si persévérant exemple, quoiqu'il méritât, par son éloquence et sa science des Écritures, d'être appelé par le Pape Grégoire IX *arca Testamenti*, et la grâce de la charité et du zèle, au nom de l'admirable apôtre qui a particulièrement évangélisé nôtre France.

Après la messe, les pèlerins ont pu visiter les chefs-d'œuvre de sculpture et de peinture qui décorent la basilique, et auxquels nous ne consacrerons pas le volume de description qui serait nécessaire ; mais surtout ils se sont empressés de vénérer, dans la chapelle du Trésor, une multitude de reliques des plus précieuses.

Là, en effet, sont honorés et la langue si harmonieuse et si puissante du thaumaturge de Padoue, et un morceau de son cilice, et la pierre sur laquelle il a expiré. On y offre encore à la vénération trois épines de la sainte couronne, un fragment de l'éponge qui fut portée aux lèvres de Notre-Seigneur et un doigt de saint Laurent. Le *trésor* conserve également le verre qui, jeté du troisième étage par un incrédule, à titre de défi à la sainteté miraculeuse d'Antoine, à l'heure même où le saint venait d'expirer, brisa la pierre sur laquelle il tomba et rebondit intact. Nous ne disons rien des œuvres d'un art exquis, don des princes ou des Papes, dont le trésor de Saint-Antoine est enrichi.

A Sainte-Justine, magnifique église que les pèlerins ont pu admirer dans l'après-midi, outre le tombeau de la sainte, nous avons vénéré celui de l'évêque de Padoue, saint Prosdoxime, envoyé par saint Pierre. Il gouverna son Eglise quatre-vingt-quinze ans, longévité épiscopale, sans doute unique, qui nous faisait songer à la longévité pontificale de notre glorieux Pie IX. Près de là, dans une sorte de puits où l'on descend par des marches, sont déposés quelques ossements des innocentes victimes de la défiance d'Hérode contre l'enfant Jésus. Ces reliques, apportées à Padoue par un évêque, au cinquième siècle, perdues ensuite, furent retrouvées au seizième, et placées dans ce *puits des Saints Innocents.*

Nous avons eu, pour nous conduire dans le dédale

des rues de Padoue, les guides les plus obligeants, nos guides ordinaires, les membres de l'*Association de la Jeunesse catholique*. Déjà nous avions trouvé, l'avant-veille, à notre passage à la gare, une députation de la Jeunesse catholique de Padoue, et le président, M. Baschirotto, avait bien voulu nous accompagner jusqu'à Venise. Ils ont continué, pendant cette demi journée, leurs bons offices, avec un dévouement qui mérite une mention toute spéciale de reconnaissance.

Les dames du pèlerinage conserveront aussi de Padoue un excellent souvenir. Elles étaient conduites dans la ville par les dames patronesses de l'Association pour les intérêts catholiques, parmi lesquelles : la présidente, M^{mo} la marquise Fosca Paolucci Rebustello et sa très gracieuse belle-sœur, la marquise Catterina Bortolozzi, la comtesse Erié Macola et M^{llo} Sofia Tozzi Boschetti. Ce n'est pas une flatterie, c'est une justice de dire que nous avons trouvé dans ces nobles dames tout ce que la fleur de la piété et de l'éducation peut ajouter de charmes aux grâces naturelles.

A la gare nous attendait un tout autre spectacle, mais qui est à peine digne d'une mention. Quelques étudiants de vingtième année, qui ont usé leurs habits sur les bancs de l'université sans y ramasser autre chose que de la poussière graisseuse, ont voulu dé. montrer à des étrangers qu'ils n'ont pas encore appris à se nettoyer ; la preuve est faite, qu'ils dorment en paix sur leurs chopes.

Lorette, 2 mai.

Les pèlerins français ont passé à Florence la journée du dimanche, 29 avril. Faisons place avant tout à l'expression de notre reconnaissance, et hâtons-nous de réparer une involontaire omission. En arrivant, le matin du samedi, à la gare de Padoue, MM. les Directeurs du pèlerinage y ont trouvé deux voitures mises à leur disposition par Mme la comtesse Dario. La noble chrétienne n'est point venue elle-même prodiguer aux dames du pèlerinage, comme elle l'avait fait l'année dernière, ses bienveillantes attentions; mais elle était bien excusée. Ce qui la retenait, en effet, c'est la fatigue subie pour préparer les offrandes que la foi des Padouans déposera, le 21 mai, aux pieds du Souverain Pontife.

Nous sommes arrivés à Florence à 11 heures du soir. Malgré le retard qui s'était produit, nous étions attendus à là gare par le comte Gherardo-Gherardi del Turco, qui nous a accompagnés partout le lendemain, par M. l'avocat Grasse, et par plusieurs membres de la Jeunesse catholique. Le marquis Matteucci, président des patronnages, a aussi multiplié pour nous les témoignages de son dévouement.

La messe de communion générale a été célébrée sur le tombeau de sainte Madeleine de Pazzi, l'héroïque vierge carmélite, qui a donné de la célèbre parole de sa mère, sainte Thérèse, *ou souffrir ou mourir*, cette sublme variante : *toujours souffrir, jamais mourir*.

Le soir, salut solennel du Saint-Sacrement à l'*Annunciata*. Dans la plus splendide chapelle de cette splendide église, au-dessus d'un tabernacle sur lequel on admire une suave tête de Christ, est une madone peinte, non point par le plus grand des artistes humains, mais, suivant une pieuse tradition, par la main des anges. Ceux qui ont eu le bonheur de la voir l'appellent une vision du Ciel, mais ce bonheur est assez rare. « Cette image ne se découvre, nous a dit le R. P. Picard, que dans des circonstances très solennelles, lorsque Florence veut implorer de la Mère de Dieu quelque grâce d'intérêt public. Si nous n'avons pas la joie de la voir, nous allons du moins prier devant elle pour les grands intérêts sociaux que les passions des hommes mettent actuellement en question et que la Providence tient entre ses mains. »

Dans l'intervalle des deux cérémonies, nous avons vénéré, à l'église des Camaldules, le bâton de saint Joseph, enchâssé dans l'or, ce bois aride qui fleurit miraculeusement pour désigner l'époux de Marie. Là, ainsi qu'à Sainte-Madeleine, on a bien voulu offrir aux pèlerins une petite image à titre de souvenir.

Nous avons profité de quelques heures de liberté pour courir à travers les chefs-d'œuvre dont Florence, la ville des fleurs et la ville des arts, est peuplée. Si nous n'étions pas un pèlerin, uniquement chargé d'esquisser quelques traits d'un pèlerinage, nous essaierions de traduire le ravissement dans lequel nous ont plongé, malgré la rapidité de notre visite, Raphaël au palais Pitti et Fra Angelico dans les cellules de Saint-Marc. Comment le premier s'est-il emparé à ce point des éléments matériels pour leur faire exprimer la beauté idéale? Comment le second a-t-il pu se passer en quelque sorte de matière pour faire apparaître aux yeux cette même invisible beauté?

Rome, 3 mai.

Nous voici arrivés dans la ville des Papes : c'est ainsi
qu'on l'appelait dans le passé et que nous l'appelons
encore ; c'est le nom indélébile dont Dieu l'a marquée
au front pour jamais. Mais avant de décrire les grands
spectacles que nous sommes venus contempler, et de
raconter nos émotions, nous devons nous arrêter à
deux stations, les dernières et les plus vénérées, sur
le chemin de Rome : Assise et Lorette.

De la gare d'Assise, à quatre heures du matin, le
lundi 30 avril, nous nous sommes dirigés en procession vers la petite ville, suspendue au flanc de la montagne, et nous sommes arrivés en une demi-heure, en
gravissant les pentes, à la triple basilique de Saint-
François. C'était un bonheur, à cette heure matinale et
pendant le reste de la journée, de parcourir à pied et
cette route, et les rues tortueuses et mal pavées d'Assise, et le chemin qui descend à travers les bois au
monastère de Saint-Damien, et celui qui ramène au
couvent de Sainte-Claire. Le séraphique Père les a si
souvent foulés de son pied nu ; cette poussière a gardé
l'empreinte de ses pas, toutes ces pierres parlent de

lui, toutes ces maisons racontent les souvenirs de ses vertus et de ses miracles !

Nous avons entendu la messe et fait la sainte communion à l'autel qui est élevé au-dessus de son tombeau. Un de ses fils, un capucin, nous a prêché, en langue italienne, l'esprit de pauvreté et de pénitence et l'esprit d'unité autour de la chaire de Pierre. Il a félicité les pèlerins de l'exemple de foi qu'ils donnent au monde, et il a rappelé toutes les œuvres catholiques qui sont nées en France au XIXe siècle. Le R. P. Picard l'a remercié, avec cette délicatesse et cet à-propos qui ne lui manquent jamais : « Je ne sais, mon Père, lui a-t-il dit, si toutes vos paroles sont arrivées à l'esprit de vos auditeurs, mais ce que je sais bien, c'est que toutes ont été entendues de leur cœur. »

Le lendemain encore, avant de distribuer la communion à ses frères, les pèlerins français, l'aumônier du couvent de Sainte-Claire a célébré, lui aussi, en langue italienne, la grande fraternité chrétienne, et il nous a demandé de porter aux pieds du Saint-Père les vœux des habitants d'Assise.

Toute la journée du lundi a été consacrée à vénérer, dans les différents sanctuaires, les souvenirs du bienheureux François et de sainte Claire. Les plus intrépides sont allés les chercher, à travers les sentiers de la montagne, jusqu'aux *Carceri*, cette retraite profonde et abrupte, marquée par la pénitence et les miracles de saint François. Le temps nous manque pour énumérer les précieuses reliques de saint François, de sainte Claire, de saint Bonaventure, dont la petite église de Saint-Damien est en possession. Mentionnons seulement le saint Ciboire dans lequel la vierge d'Assise prit la très sainte Eucharistie, et, marchant à la rencontre des infidèles avec cette arme surnaturelle, les contraignit de reculer.

Nous sommes descendus aussi dans la crypte où repose le corps de cette glorieuse Vierge que saint François revêtit de la bure de sa pauvreté et du vêtement royal de ses vertus. Nous l'avons vue à travers le cristal, étendue sur sa couche de soie, d'argent et d'or, enveloppée de lumières, dont le marbre des murailles multipliait les reflets. Et dans ces profondeurs, autour de cette châsse resplendissante, un cantique s'élevait. C'étaient les Filles de Sainte Claire qui chantaient, cachées derrière le tombeau de leur Mère. Il est aussi difficile de redire l'expression de ce chant, qu'il est impossible de l'oublier. Il y avait là un fond de mélodie sérieux et grave qui faisait quelque peu songer à un cantique de funérailles, mais de funérailles joyeuses de la vierge chrétienne. Il était en effet perpétuellement accompagné de notes éclatantes se succédant sur un rhythme original et saisissant. C'était le cri du triomphe en présence du tombeau, les élans de l'allégresse déchirant les voiles de deuil, le *Te Deum* remplaçant sur les lèvres le *De profundis :* c'était un chant de victoire, un chant du Ciel.

A la gare, malgré l'heure matinale de notre arrivée, nous avions été reçus par le grand-vicaire de Mgr Paolo de Conti Fabiani, évêque d'Assise, accompagné de deux chanoines de la cathédrale, de deux religieux de la basilique et de plusieurs jeunes gens, parmi lesquels un ancien zouave pontifical, qui parle admirablement notre langue. Pendant tout notre séjour, Mgr l'Evêque d'Assise nous a comblés de faveurs. Il a daigné célébrer, le lundi matin, la messe du pèlerinage. Le soir, il est venu solennellement nous recevoir à la porte de la cathédrale, accompagné de son Chapitre, et avant de donner la bénédiction du Très-Saint-Sacrement, il nous a adressé un discours de bien-venue. Le R. P. Picard a chaleureusement remerçié l'éminent prélat qui daignait faire un si excellent accueil à de pauvres voyageurs, et il s'est fait l'éloquent interprète de la reconnaissance de tous pour Monseigneur l'évêque, pour son Chapitre et pour le clergé de la paroisse.

Le mardi matin, à huit heures, Mgr l'Evêque d'Assise a bien voulu encore se rendre à la basilique de Saint-François, afin de nous procurer la faveur de vénérer le voile de la Très-Sainte-Vierge, relique insigne qui ne peut être découverte que devant l'évêque.

Enfin, nous avons fait nos adieux au pays de saint François en priant dans la vaste et belle église de Notre-Dame-des-Anges, qui abrite sous ses coupoles de marbre ce petit sanctuaire de la Portioncule dans lequel François, conduit par les Anges, venait s'entretenir avec son doux Maître Jésus et sa divine Mère.

De Foligno à Lorette, à toutes les stations, la population se pressait sur notre passage. Elle n'avait rien de l'odeur des fruits secs de l'Université de Padoue; au contraire. Elle était là pour nous saluer et nous acclamer.— Pourquoi êtes-vous venus? leur avons-nous demandé à la la petite station de Fossato. — Nous savons depuis cinq jours que vous devez passer, ont-ils répondu, et nous venons parce que nous sommes vos frères.

Nous ne dirons que peu de chose de la précieuse journée passée à Lorrette. Nous n'insisterons pas sur la sainteté de cette modeste *casa* dans laquelle s'est accompli le plus grand mystère dont ce monde ait été le théâtre; il n'est pas un chrétien qui l'ignore, et nous ne parlons pas pour les autres. Nous ne raconterons pas le miracle de la translation de la sainte maison; l'excellent journal le *Pèlerin* en a donné dans son dernier numéro du mois d'avril, un récit plein d'intéêt. Nous n'essayerons pas d'avantage d'exprimer l'é-

motion qui nous pénétrait pendant que, des hauteurs
de Lorette, notre regard se promenait sur le champ de
bataille de Castelfidardo et que notre esprit ressuscitait tous les épisodes du combat : heureux, deux fois
heureux, les morts qui sont tombés sur cette poussière pour le Seigneur et pour son Christ, glorieux devant Dieu et glorieux devant les hommes! Nous avons
fait de cette journée, suivant les recommandations répétées des directeurs du pèlerinage, un jour de recueil-
lement et de prières. Le R. P. Rosignole, pénitencier
à Lorette pour la France, qui était venu, avec un de
ses vénérables collègues, nous attendre à la gare, et
qui nous a accompagnés au départ, nous a fait le
récit du miracle de la translation et l'histoire de la
santa casa. Le R. P. Lescœur, de l'Oratoire, nous a
rappelé ensuite, avec une éloquence qui n'a pas besoin de nos éloges, les grâces obtenues dans cette
sainte maison par des Français éminents, et nous a
dit quelles faveurs spirituelles nous avions le droit et
le devoir d'y solliciter. Nous avons collé nos lèvres sur
les murs bénis, sur les ustensiles de terre qui ont servi
à la sainte famille; nous avons ployé les genoux devant
l'image miraculeuse, et, riches d'une abondante mois-
son de grâces, nous sommes partis pour la ville sainte
des Papes.

Rome, 5 mai.

Notre premier rendez-vous a été, hier matin, 4 mai, dans la basilique maîtresse, aux pieds de l'autel que domine la chaire de saint Pierre. Là, devant ce symbole dix-huit fois séculaire de l'infaillible autorité qui distribuera au monde la vérité et la lumière jusqu'à la consommation des temps, pendant que le Saint-Sacrifice était offert, nous avons chanté d'une même voix et d'un seul cœur le *Credo* et le *Tu es Petrus*. C'est Mgr Macchi, maître de chambre de Sa Sainteté, qui a bien voulu célébrer la messe du pèlerinage. Il commençait pour nous, à Rome, la série de ces bons offices et de ces délicates attentions dont nous avons été partout l'objet de la part du clergé.

A ce propos, que l'on nous permette de revenir un moment en arrière pour adresser des remerciements cent fois mérités aux vénérables chanoines et aux RR. PP. Capucins de Lorette, qui se sont employés, avec une patience admirable, pendant toute une longue journée, à écrire des signatures et apposer des cachets sur nos souvenirs de pèlerinage.

La parole de Dieu nous a été adressée par le R. P. d'Alzon, avec cette fermeté de pensée, cette vivacité de sentiment et cette ardeur de foi qui ne lui manquent jamais. — Que venez-vous voir ici, nous a-t-il dit en empruntant les paroles de Notre-Seigneur à propos de Jean-Baptiste ? Un roseau agité par le vent ? Oui, un roseau, un faible vieillard, aux yeux de la raison humaine. Mais encore, qu'êtes-vous venus voir ? Un prophète ? Oui, et plus qu'un prophète, l'oracle de la foi, de la foi avec laquelle ce vieillard reprendra possession du monde. A deux reprises, dans cette basilique, il a affirmé souverainement sa puissance, d'abord pour glorifier Marie, ensuite pour glorifier l'Eglise..... Que devons-nous faire ? Nous attacher à cette foi dont il est l'interprète infaillible, avec toute l'énergie de notre âme, nous tremper dans cette foi, et le jour viendra où nous aurons le droit de dire : *Hæc est victoria quæ vincit mundum fides nostra*. —

Aujourd'hui, fête de saint Pie V, le Saint-Père a daigné recevoir, en audience générale, le pèlerinage national et tous les pèlerins français déjà arrivés. Au Vatican, dans la salle Ducale, près de trois mille personnes ont pu trouver place ; plusieurs centaines ont dû s'arrêter dans l'antichambre. Vers une heure, Sa Sainteté est entrée, accompagnée de LL. EE. les cardinaux di Pietro, d'Avanzo, Berardi, Ledochowski, Bartolini, Pacca, Randi, Oreglia di San Stefano, Borromeo, Giannelli, Franzelin, Hohenlohe, Howart et de Falloux. Dans la salle se trouvaient déjà NN. SS. les archevêques et évêques d'Avignon, de Saint-Brieuc, de Tarentaise, de Saint-Jean-de-Maurienne, de Bâle, de Port-Louis (île Maurice), et le prince-évêque de Seckau (Styrie), ainsi que plusieurs représentants de l'aristocratie romaine. Le Saint-Père s'étant assis sur son trône, M. le vicomte de Damas s'est avancé, et il a eu l'honneur, honneur bien mérité par son dévouement à toute épreuve, de donner lecture, au nom des pèlerins, et nous pouvons dire de tous les catholiques de France, de l'Adresse suivante :

Très Saint-Père,

Au moment de son crucifiement, le Sauveur des hommes disait à ses ennemis : *Nunc est hora vestra et potestas tenebrarum*, et après trois jours, vainqueur de la mort, il ressuscitait.

Ne dirait-on pas qu'au moment où l'impiété cherche à crucifier l'Eglise, les mêmes paroles tombent de la bouche de Jésus-Christ pour constater de semblables douleurs et promettre les mêmes triomphes?

Fortifiés par vos invincibles espérances, avec vous nous sommes certains que, malgré l'universelle conspiration des ténèbres, viendra bientôt pour l'Eglise et pour son Chef vénéré l'heure de la Résurrection et de la Victoire.

Dans l'épreuve, comme dans la prospérité, notre cri reste toujours celui des chrétiens : Foi, espérance, amour.

Fils de la France, nous venons de prier dans ces sanctuaires d'Italie, qu'en des jours de délire nos pères avaient dévastés, parce que nous voulions montrer à ces populations, naguère scandalisées par nous, la vraie France, la France toujours fidèle à son *Credo.*

Après cette réparation, nous venons avec un cœur plus libre répondre de notre attachement filial et de notre soumission sans bornes au grand Dispensateur de la vie et de la charité catholique.

A sa parole, l'univers s'émeut, les méchants tremblent, les bons respirent et se préparent à combattre ses combats. Tous, ici, nous sommes fiers de porter la croix qu'il nous a donnée comme insigne, et nous serions prêts à verser notre sang pour le triomphe de sa cause.

Vous voyez à vos pieds, Très Saint-Père, des chrétiens venus de tous les diocèses de France pour célébrer avec le reste du monde cette grande fête de la famille catholique. Parmi eux, les envoyés de Clermont, Blois, Belley, Amiens, Angoulême vont déposer sur les marches de votre trône le tribut de leurs frères ; les autres préparent leurs dons, mais tous sont avec nous pour répéter : Fidélité, confiance, dévouement, amour à Pie IX.

Vive notre guide infaillible !

Vive notre vrai Roi !

Vive PIE IX !

Pendant cette lecture, le Saint-Père, dont l'œil brillant s'était dès le début promené sur toute la nombreuse assistance, a donné plusieurs fois des marques sensibles de son approbation.

Ensuite les délégués des diocèses indiqués dans l'Adresse se sont avancés et ont déposé leurs offrandes aux pieds du Saint-Père. Nous ne pouvons pas en dire le chiffre, nous savons seulement que M. le chanoine de Brandt a offert, au nom de Mgr l'évêque d'Amiens et de son diocèse, 63,000 francs en argent français.

Le Saint-Père a pris ensuite la parole en français et il s'est exprimé à peu près en ces termes :

« Mes enfants, je vous salue. Comme Jésus-Christ se montrant à ses Apôtres, je vous dirai : *Avete.* Je vous salue et je vous bénis, avant de commencer le peu de mots que j'ai l'intention de vous adresser. Vous êtes témoins, mes chers fils, de la triste position qui est faite à l'Eglise ; l'Eglise de Dieu est opprimée, mais elle prie ; elle est persécutée, mais elle proteste ;

et vous-mêmes, avec les millions de catholiques répandus dans le monde entier, vous protestez contre cette oppression, contre cette persécution dont l'Eglise est la victime. Vous venez comme une armée, non avec l'épée, mais avec des chapelets ; vous n'êtes pas une armée belliqueuse, mais une armée humble, pacifique. Et, pourtant, il y a de certains gouvernements qui craignent et qui croient qu'il y a là quelque chose de politique et qu'on veut renverser ceux qui commandent.

» Non, nous ne voulons renverser que le péché et rétablir l'ordre, car ce qu'on appelle souvent l'ordre présent serait bien mieux appelé le désordre présent. Nous prierons donc Dieu qu'il nous accorde la force et la grâce de rétablir l'ordre. Nos ennemis et ceux de l'Eglise croient que nous songeons à une contre-révolution ; ils craignent là où il n'y a pas à craindre, *illic trepidaverunt ubi non erat timor*, parce qu'ils ont la conscience chargée et que celle-ci trouble leur imagination.

» Mais nous, dans la position où nous sommes, que ferons-nous ? Si nous tournons nos yeux dans le monde, nous voyons qu'il y a peu à espérer des hommes. Qu'espérer, en effet, quand on a le courage de donner un démenti public aux paroles du Pape et de dire qu'il est un menteur ! Un tel langage n'est pas honnête ; il n'est pas digne d'un gouvernement catholique. Je ne dirai pas qui a dit cela, ni dans quel pays ; mais cela a été dit.

» Que ferons-nous donc ? Nous nous prosternerons devant Jésus-Christ et nous implorerons son secours, car lui seul peut rétablir l'ordre et nous accorder la victoire. Je veux vous rappeler un événement de la Sainte-Ecriture qui nous confirmera dans l'espérance de la victoire. Lorsque les Philistins attaquèrent les

Israélites, ceux-ci furent remplis de peur et, pour se donner confiance et reprendre courage, ils placèrent l'Arche sainte au milieu du camp. Aussitôt qu'ils virent l'Arche, leur courage se ranima et ils se préparèrent avec énergie à la bataille. Le lendemain, la bataille eut lieu et les Philistins furent victorieux. Ceux-ci s'emparèrent même de l'Arche et des saints Livres du Testament qui y étaient enfermés. Ils l'emportèrent en triomphe et la placèrent dans le temple de Dagon, leur Dieu. Mais qu'arriva-t-il ? Il arriva que la statue de Dagon, placée en face de l'Arche, tomba pendant la nuit. Les Philistins la remirent en place, et, cette fois, la statue de Dagon non-seulement tomba, mais se brisa en morceaux. Alors les Philistins commencèrent à réfléchir et tinrent conseil (de nos jours on tient souvent conseil) et décidèrent que le mieux à faire était de renvoyer l'Arche sainte chez les Hébreux pour ne pas être maltraités par elle. Ils la rendirent donc et l'accompagnèrent avec beaucoup d'honneur et lui firent beaucoup d'offrandes.

» La réflexion que nous devons tirer de cet exemple, c'est que, s'il n'y a pas de gouvernements pour nous aider, Dieu lui-même nous aidera, de même que l'Arche sainte fit elle-même, pour se défendre, ce que les Israélites n'avaient pu faire. Vous voyez ici la capitale du monde catholique où est placée l'Arche du Nouveau-Testament. Mais elle y est entourée de beaucoup de Dagons. D'un côté, l'enseignement protestant, incrédule, impie; de l'autre des temples protestants de toutes les sectes. Je ne terminerais pas si je voulais énumérer tout ce qu'on a fait pour détruire la foi catholique et l'Eglise de Dieu.

» Que faire pour renverser tous ces Dagons? Nous devons prier et espérer que l'Arche sainte du Nouveau

Testament sera bientôt libre et débarrassée de toutes ces idoles. La voix de Dieu se fera de nouveau entendre et prononcera de nouveau cette parole : *Fiat lux,* et la lumière sera faite, *et facta est lux.* Nous vivons dans les ténèbres et l'obscurité de l'erreur, mais la voix de Dieu dira : *Fiat lux* au milieu du peuple, et celui-ci abandonnera ses erreurs pour aller à la vérité ; elle dira : *Fiat lux* au milieu du clergé, et celui-ci se souviendra qu'il est la lumière qui doit illuminer le monde entier. Mais pour obtenir tout cela il faut renouveler sans cesse les prières, les œuvres de charité ; il faut que les sacrements soient fréquentés et que les églises soient remplies de fidèles pour y demander à Dieu la grâce de la sainte persévérance.

« O mon Dieu, faisons souvent des prières ; en ce jour, je ne m'adresse pas seulement à vous, ô mon Dieu, et à Marie, je m'adresse à ce grand Pape, à ce grand saint dont nous célébrons la fête, je m'adresse à saint Pie V, et je lui dis : *Ut Turcarum, hæreticorum, schismaticorum et incredulorum a potestate nos eripias, Te rogamus audi nos,* (*en prononçant ces paroles, le Saint-Père était si ému qu'il a continué son discours en italien*), afin que toutes les erreurs soient détruites et disparaissent de la surface de la terre. C'est pour cela que je lève mes yeux vers le Ciel et que je prie Dieu pour vous, pour moi, afin qu'il nous donne la lumière nécessaire. Que la bénédiction de Dieu descende sur vos âmes et leur donne la force nécessaire pour rester fidèles à leurs devoirs ; qu'elle vous console et vous soutienne dans le chemin de la vie jusqu'à l'heure de votre mort. *Benedictio Dei,* etc., etc. »

Voilà, à peu près, nous le répétons, les paroles du Saint-Père ; mais ce qu'il est impossible de rendre, c'est la vivacité du regard, l'originalité de l'accent, la dignité et la finesse de la physionomie. Il a fallu les recommandations répétées qui nous avaient été faites pour contenir les acclamations.

Après la sortie du Saint-Père, on a présenté à l'assistance d'énormes couronnes de fleurs que Sa Sainteté avait la très gracieuse attention de faire offrir aux dames du pèlerinage, en sa fête patronale. Les pèlerins se sont ensuite rendus dans les appartements de S. Em. le cardinal Simeoni, qui a bien voulu les recevoir et agréer leurs hommages, et ils sont ensuite sortis du Vatican en détachant de leur habit la croix rouge des pèlerinages, car il paraît que dans la nouvelle Rome la croix est un signe séditieux.

Rome, 8 mai.

Le samedi 5 mai, le jour même où le Saint-Père a daigné nous recevoir en audience générale, S.-Em. le cardinal Borroméo, qui a bien voulu se faire, cette année encore, le protecteur du pèlerinage national, a ouvert le soir aux pèlerins français ses salons du palais Altieri. Son Eminence recevait les pèlerins à l'entrée du premier salon, assistée de plusieurs membres de la Jeunesse Catholique, dont l'habit était décoré du gracieux emblème de l'Association. Est-il besoin de dire que nous avons trouvé chez Mgr Borromeo ce mélange de dignité souveraine et d'exquise affabilité qui appartient tout spécialement aux princes de la capitale du monde catholique, les cardinaux romains? La soirée a été charmante ; la musique et la causerie se sont partagé ces quelques heures trop vite écoulées. Nous avons entendu des chants exécutés par un religieux a qui Dieu a donné un beau nom, car il s'appelle *Giovanni del Papa,* et une magnifique voix de ténor ; le cardinal, pour sa part, en ces jours de proscription, lui a donné un asile.

Son Eminence a causé longuement ; elle nous a entretenus surtout d'une œuvre de patronage qui lui est très chère. Sous sa haute direction, de pauvres enfants abandonnés sans aucune instruction religieuse, sont réunis et catéchisés par les [membres de la Jeunesse Catholique. Le patronage en compte actuellement plus de trois cents. Par ce moyen on réussit à faire de bons chrétiens de cette *chère canaille,* comme l'appelait en riant le cardinal.

Le R. P. Picard a parlé à son tour des œuvres semblables fondées à Paris, et en particulier de l'*Œuvre des jeunes apprentis* de M. l'abbé Roussel. Les Romains l'écoutaient avec plaisir, parce qu'ils les [entretenait d'œuvres catholiques, et nous avec un double bonheur, parce qu'il s'agissait en même temps d'œuvres françaises.

Le lendemain, dimanche, S. Em. le cardinal Borromeo a daigné encore présider au [plus grand acte de notre pèlerinage. Il a célébré pour nous la sainte messe à l'autel de la chaire de Saint-Pierre. Là, bénis la veille par Pie IX, sous l'ombre du Vatican, entre la chaire du prince des Apôtres et son glorieux tombeau, nous avons fait la communion générale, à la suite de laquelle nous a été distribuée, au nom du Pape, une attestation signée du cardinal Borromeo, certifiant que, dévots pèlerins, nous sommes venus *ad limina apostolorum,* et que nous avons reçu la sainte communion dans la basilique de Saint-Pierre. Le soldat suspend avec une légitime fierté, aux murs de sa demeure, les trophées de ses campagnes. Les pèlerins français poseront en une place d'honneur cette attestation, qui déclare qu'à cette date, unique dans l'histoire de l'Eglise, de la 31ᵉ année du pontificat de Pie IX et de la 50ᵉ année de son épiscopat, ils sont venus à ses pieds témoigner de leur foi et de leur inaltérable dévouement.

Chaque matin, la messe du pèlerinage est célébrée

dans l'une des grandes églises de Rome, et, avec la sainte communion, la parole de Dieu nous est distribuée.

Dimanche, l'éminent cardinal Borromeo nous prêchait, avec la triple autorité de son talent, de sa haute dignité et de ses vertus, l'esprit de prière. Hier, à Sainte-Marie-Majeure, où le Saint-Sacrifice a été offert par le procureur général de la Trappe, le fondateur de la maison africaine des Trappistes de Staouéli, un religieux du Sacré-Cœur, le R. P. Jouet, a salué avec une rare éloquence, dans les pèlerins, la France catholique, cette France qui sera sauvée par Marie et par le Sacré-Cœur, pour qu'elle puisse à son tour sauver le monde. Aujonrd'hui, mardi, nous étions convoqués à Saint-Jean-de-Latran, la mère et la maîtresse de toutes les églises, où un religieux d'Alby, supérieur du tiers-ordre de Saint-François, nous a vivement rappelé les exemples de pénitence donnés par le patron de cette basilique, saint Jean-Baptiste.

Chaque matin encore, à l'issue de la messe, nous prions en commun aux intentions indiquées par le zélé directeur du pèlerinage. Mais que les béotiens, dont les noires machinations des cléricaux troublent les nuits, se rassurent : ces intentions n'ont rien d'effrayant. Nous prions pour le Pape et pour l'Eglise, pour la France, pour les hôtes qui nous accueillent si bien, pour nos familles et pour nos besoins personnels.

Ensuite, — et c'est là le grand privilége des pèlerinages, — le trésor des reliques s'ouvre pour nous, et combien de richesses spirituelles sont contenues dans les églises de Rome ! Les pèlerins se développent en procession, on entonne le chant des Litanies, un certain nombre de nos prêtres reçoivent entre les mains les reliquaires, et nous allons tour à tour y coller nos lèvres et y faire toucher des objets de piété.

C'est ainsi que nous avons vénéré à Saint-Pierre une relique de la vraie Croix, des cheveux de la Très-Sainte-Vierge, deux épines de la Sainte-Couronne, un doigt du Prince des Apôtres et le chef de l'évangéliste Saint Luc ; à Sainte-Marie-Majeure, des reliques insignes du même évangéliste, de l'apôtre saint Mathieu et de saint Philippe de Néri, un morceau des langes de l'Enfant Jésus, et des reliques encore de la vraie Croix et de la couronne d'épines ; enfin, à Saint-Jean-de-Latran, ce matin même, le vêtement de pourpre dont le Sauveur fut habillé pendant sa passion, un morceau de l'éponge trempée dans le fiel et le vinaigre, et des linges tachés du sang de Notre-Seigneur. Cette énumération a seulement pour but de faire entrevoir quelles consolations spirituelles sont accordées aux pèlerins, et nullement d'énumérer toutes les reliques dont les basiliques romaines sont en possession ; nos lecteurs savent que des volumes entiers y seraient nécessaires.

Rome, 9 mai.

Parmi les faveurs obtenues par les membres du pèlerinage national, une des plus insignes a été celle de trois audiences particulières dans lesquelles le Saint-Père a daigné recevoir chacun d'eux une seconde fois. Ces audiences ont eu lieu dimanche et lundi, 6 et 7 mai, et aujourd'hui 9 mai.

La physionomie générale de l'audience a été toujours la même. Le Saint-Père est entré, entre midi et une heure, dans la salle du Consistoire. Descendu de sa *sedia,* il a passé entre les lignes des pèlerins, rangés tout autour de la vaste salle, leur abandonnant sa main, qu'ils couvraient de baisers, écoutant leurs prières et leurs demandes, semant çà et là des reparties pleines de finesse et d'à-propos. Revenue au point de départ, Sa Sainteté a bien voulu, chaque fois, avant de se retirer, nous adresser en français une courte mais émouvante allocution. Voilà quel a été le fond de l'audience ; mais chacune d'elles a été marqué par des incidents particuliers.

L'audience de dimanche était spécialement accordée aux pèlerins de Clermont. Il y avait cependant dans la salle quelques étrangers de distinction qui devaient être présentés au Saint-Père, entre autres le baron de Loë, ce vaillant chrétien, honoré d'une captivité récente de six mois, subie pour la foi catholique. En l'apercevant, entouré de sa famille, le Saint-Père s'est avancé vers lui : « Je vous félicite, lui a-t-il dit ; vous avez donné un bel exemple de patience et de courage. » En même temps, de sa propre main, il a fait don à la baronne de Loë d'un écrin qui renfermait une tête en émail de saint Jean, dont l'Eglise célébrait, ce jour même, le témoignage rendu à la foi devant la porte latine. On a ensuite présenté au Saint-Père la comtesse Marie Agnès de Stolberg : « Ah! Stolberg, a-t-il dit, c'est un nom catholique ! »

Après cela, les délégués du diocèse de Clermont, M. l'abbé Beauregard, vicaire général, M. l'abbé Gannat, curé de Saint-Pierre-des-Minimes, M. de Tarrieux et M. de la Faye de l'Hôpital, représentants du comité catholique, ont déposé aux pieds de Sa Sainteté, avec 20,000 francs du Denier de Saint-Pierre, une offrande spéciale de 10,000 francs enfermée dans deux grandes clefs revêtues d'or et d'argent. Ils lui ont fait hommage aussi de deux albums d'Adresses contenant quarante mille signatures. En prenant la parole au nom de son évêque, M. l'abbé Beauregard a rappelé que Mgr Féron est le doyen de l'épiscopat du monde entier : « C'est vrai, a dit Pie IX en souriant, » il est le doyen des évêques, et moi je suis le doyen « des papes. » — « Mes enfants, a dit ensuite le Saint- » Père avant de nous bénir, que les pères et les mè- « res qui m'entendent songent bien à diriger leurs « familles dans la voie de Dieu, dans la pratique des « Sacrements et des œuvres de charité. Nous célébrons « aujourd'hui la fête de l'apôtre de la charité, saint « Jean. Implorons son assistance. Levons les yeux au

« ciel, afin qu'il nous soit donné de vivre, de marcher
« et de mourir dans la grâce de Dieu. »

Au début de l'audience de lundi, le Saint-Père a
gracieusement consenti à échanger la calotte qui cou-
vrait sa tête pour une calotte de satin blanc qui lui
était offerte par une noble dame de Belgique, la comtesse Alvar d'Alcantara. Ensuite, M. le chanoine de
Brandt, accompagné de trois autres représentants du
diocèse d'Amiens, M. le comte de Coupigny, M. Lal-
lart de Lebucquière et M. le comte de Reverseaux,
s'est prosterné aux pieds du Saint-Père et lui a exprimé,
en quelques paroles chaleureuses, les sentiments de
la plus entière soumission et du plus absolu dévouement. « Ce n'est pas de cette façon que parlent les
journaux, » a dit le Saint-Père. — Les représentants
du diocèse de Blois, M. le comte Irumberry de Sa-
laberry, qui s'est fait l'éloquent interprète des catholiques de son pays ; M. Bégé, ancien auditeur au Conseil d'Etat ; M. le comte de Marcé et M. Gaudron ont
présenté à leur tour une adresse couverte de 12,000 signatures. Déjà, à l'audience générale, M. l'abbé Grel-
lat, doyen de Selles-sur-Cher, avait présenté, au nom du
même diocèse de Blois, une offrande de 9,000 francs,
distincte du Denier de Saint-Pierre. Quand ils se sont
prosternés pour baiser le pied de Sa Sainteté : « On
» baise les pieds du Pape, a dit le Saint-Père, parce
» qu'il est écrit dans les Livres-Saints : *Quam speciosi
» pedes evangelisantium pacem, evangelisantium bona,*
» et que le Pape est le chef de ceux qui évangélisent la
» paix, qui distribuent au monde la vérité et le bien ;
» pour mon compte, j'espère que je le fais. »

En bénissant les deux diocèses et leurs évêques, le
Saint-Père a rappelé, à propos d'Amiens, le souvenir
toujours cher de Mgr de Salinis. « Nous approchons,
» a-t-il dit ensuite aux trois cents pèlerins qui étaient

» là, de la grande fête de l'Ascension. En ce jour, le
» roi immortel des siècles, devant qui tout genou
» fléchit au ciel et sur la terre, et jusque dans les
» enfers, a ouvert victorieusement les portes du pa-
» radis. Mais il a voulu en mériter le droit par l'humi-
» lité et par la souffrance. Souvenons-nous que nous
» devons marcher sur ses traces, et que ce ne sera
» point par les amusements, par la fréquentation des
» salons et des mauvaises compagnies que nous arri-
» verons au ciel. »

Dans l'audience d'aujourd'hui, le Saint-Pere est re-
venu sur cette pensée. « Nous pouvons vivre dans le
» monde, a-t-il dit, mais nous ne devons pas vivre
» avec le monde. Jésus-Christ a prononcé une terrible
» parole : *Non pro mundo rogo,* je ne prie pas pour le
» monde. Et nous, nous ne pouvons pas avoir l'esprit
» de ce monde pour lequel Jésus-Christ ne prie pas. »
Sa Sainteté nous a ensuite bénis, en appelant sur nous
l'esprit de force, de consolation et de paix. Nous
avons remarqué que chaque fois qu'il prie ainsi pour
ses enfants, la voix du Saint-Père, jusque-là énergique et forte, devient tremblante et émue.

Plusieurs incidents ont signalé cette audience.

En entrant dans la salle, le Saint-Père a aperçu une
dame qui tenait entre ses mains une épée. « Comment, a-t-il dit, est-ce que vous êtes une amazone?
Qu'est-ce donc que cette épée portée par une dame? »
C'était l'épée de son mari, d'un officier qui était là, et
qui voulait la faire bénir par Pie IX.

— Oui, je la bénis, a répondu le Saint-Père, mais
à la condition qu'elle ne servira qu'à la défense de la
justice; autrement, je ne la bénis pas.

En traversant les rangs des pèlerins, le Saint-Père
est arrivé auprès d'une sourde-muette, qui fait partie
du pèlerinage. Elle lui a présenté une ardoise sur la-

quelle elle avait écrit, avec toute la naïveté de sa foi :
« Saint-Père, faites que je parle! » Pie IX a levé le
regard et la main vers le crucifix, suspendu à la muraille, et avec un accent intraduisible : « Ma fille,
voilà celui qui fait parler, non pas moi.» Ensuite, abais-
sant sa main, il a tracé un grand signe de croix sur le
front de la jeune sourde-muette.

Naples, 14 mai.

Naples! Si nous étions peintre ou poète, ce serait d'une main frémissante d'enthousiasme que nous écririons ce mot; pèlerin catholique, nous ne le traçons pas en tête de cette note avec une moindre émotion.

Naples est sans doute la ville enchanteresse qui s'étage en demi cercle sur ce beau rivage

> Où la mer de Sorrente
> Déroule ses flots bleus aux pieds de l'oranger.

A quelques pas, à gauche, elle a le Vésuve, avec ses flancs tour à tour désolés ou parés d'une opulente verdure, avec sa ceinture de cendre et de lave qui met à l'épreuve l'intrépidité du voyageur, avec son cratère couronné de fumée et de flammes rouges, et le perpétuel grondement, entrecoupé de détonations, de ses tonnerres souterrains.

A droite, Baïa, le lac Lucrin, l'Averne, la grotte de la Sibylle et le tombeau de celui dont le génie mélodieux a jeté sur tous ces noms d'impérissables attraits.

En face, Procida, Ischia, Capri, toutes ces îles que

le ciel et la mer, l'histoire et la poésie ont revêtues d'enchantements.

Mais Naples est mieux que tout cela ; elle est la ville croyante de saint Janvier. Par un privilége unique, elle est en possession du miracle périodique et régulier. La foi de son peuple lui mérite de conserver la grâce du miracle, et le miracle, à son tour, contribue à entretenir la foi.

Arrivés à Naples à six heures du matin, le vendredi 11 mai, les pèlerins étaient réunis, dès huit heures, dans la splendide chapelle de Saint-Janvier, la plus riche que présente la belle cathédrale de Naples. Des places nous étaient réservées : les prêtres sont entrés dans le chœur, les pèlerins se sont rangés dans la seconde enceinte, les Napolitains remplissaient le reste de la vaste chapelle. Vers neuf heures, les cierges allumés ont formé tout à l'entour comme un cercle de feu ; la statue d'argent de saint Janvier, dans laquelle est enfermée la tête du grand évêque martyr, a été déposée sur l'autel et revêtue des magnifiques ornements dont la piété des souverains s'est plu à la décorer (1). Bientôt les chanoines de la cathédrale sont arrivés processionnellement, portant, dans un reliquaire vitré, l'ampoule qui contient le sang de saint Janvier. Cette relique est gardée dans la sacristie, derrière une porte fermée par quatre clefs, confiées séparément à quatre représentants de l'autorité religieuse et de l'autorité civile, qui sont présents, en personne ou par leur délégué, chaque fois qu'elle est ouverte.

____

(1) On habille cette statue, de même que celle de saint Pierre de Rome, avec les ornements pontificaux, comme si le saint évêque était encore vivant dans son église pour y commencer les fonctions sacrées.

A l'apparition de la sainte ampoule, les Napolitains, hommes et femmes, placés derrière nous, ont rompu le silence par ce qu'on nous permettra d'appeler une explosion de prières. Impossible de peindre, pour qui n'y a pas assisté, cette scène pieuse, qui s'est renouvelée à plusieurs reprises. Comment faire entendre ces accents pénétrés et ardents, comment montrer ces visages transformés par la foi et ces yeux mouillés de larmes, fixés avec tant d'insistance sur l'image du saint? En même temps, les chanoines récitaient à l'autel le credo de Nicée et ensuite celui de saint Athanase.

Pendant une demi-heure environ, le chanoine officiant a présenté aux fidèles le reliquaire qu'il tenait entre ses mains, le tournant et le retournant, le plaçant devant une lumière, afin de nous permettre de bien constater que le sang du martyr formait dans l'ampoule une petite masse solide et immobile, qui laissait, malgré tous les mouvements, un espace vide très apparent. Tous nos prêtres ont pu s'en assurer d'aussi près qu'ils l'ont voulu. Tout à coup, l'officiant fait un signe ; aussitôt l'orgue jette ses chants, et tout le peuple envoie vers le ciel le triomphal *Te Deum :* le miracle venait encore une fois de s'accomplir ; la masse adhérente et coagulée était devenue liquide et mobile ; nous avons tous contemplé de près ce sang rajeuni, docile aux divers mouvements imprimés à l'enveloppe de verre qui le contenait.

Saint Janvier encore a été, dans la soirée, l'objet de notre dévotion. Des voitures nous ont emportés vers Pouzzoles, où nous avons salué en passant le souvenir de saint Paul, qui débarquait là il y a dix-huit cents ans, prisonnier de César. Nous avons ensuite gravi les pentes, et après avoir jeté un regard de curiosité sur la *Solfatare,* ce volcan à peu près éteint qui a des réminiscences de ses anciennes colères, nous sommes parvenus au lieu même où le glorieux patron de Naples fut martyrisé. Nous avons vénéré, dans une ouverture, de forme rectangulaire, pratiquée dans la muraille de la chapelle élevée en cet endroit, la pierre du supplice qui garde les traces du sang de saint Janvier.

Nous avons prié aussi devant une statue du saint, en marbre blanc, moins riche que celle de la cathédrale, mais peut être encore plus vénérée. On la dit très ancienne et postérieure seulement de quelques années à la mort du martyr. Son histoire, comme sa légende, est pleine de faits merveilleux. On devait la porter, le surlendemain dimanche, à travers les rues de Pouzzoles, dans une procession à laquelle accourt la ville de Naples. En redescendant, nous avons pu voir les préparatifs de la fête, les arcs de triomphe et les guirlandes de lumières qui commençaient à décorer toute la voie.

Les chefs du pèlerinage et un certain nombre de pèlerins sont repartis pour Rome dans la soirée du samedi 12 mai, après avoir été témoins une seconde fois du miracle de saint Janvier.

Parmi ceux qui ont prolongé leur séjour, pas un n'a manqué de monter jusqu'à la Chartreuse de *San Martino*. On a, de ces hauteurs, une vue ravissante du golfe et de la baie, de la plaine et des montagnes de Naples. L'église du couvent est une merveille ; mais la spoliation a, ici encore, étendu sa main. Nous nous découvrions en entrant dans l'église : « Vous pouvez garder votre chapeau, nous a dit le guide ; ici, il n'y a plus de messe. » Hélas ! nous nous en sommes bien vite aperçus. Dans une stalle des religieux, admirablement sculptée par un religieux, un soldat était assis, lisant je ne sais quoi, la tête couverte. D'autres soldats étaient installés, à titre de gardiens, dans les sacristies.

Nous en aurions pleuré de colère; mais une pensée est venue nous rendre la paix.

Il y avait, ce jour-là même, dimanche 13 mai, quatre-vingt-cinq ans qu'un petit enfant naissait, en ces dernières années du dix-huitième siècle, où la Révolution déchaînée se flattait de détruire Jésus-Christ et d'avoir enseveli le dernier Pape. Aujourd'hui, cet enfant, devenu le vieillard qui fait l'admiration du monde, le Vicaire de Jésus-Christ, le successeur de saint Pierre, dont il a dépassé les années, voit accourir les peuples au pied de son trône, et au sein même de la persécution, l'immense explosion de haine qui s'élève contre lui, non moins que l'explosion d'amour, plus immense encore, qui l'enveloppe de toute part, témoigne de sa puissance. Le sentiment de l'art oblige le gouvernement italien à conserver les trésors des moines; il les garde pour leurs légitimes propriétaires.

Rome, 20 mai.

« Mes enfants, disait hier le Saint-Père aux pèlerins
d'Agen et de Belley, j'ai appelé le suffrage universel
mensonge universel et je répète le mot. Mais en ce
moment, le vrai suffrage universel, sincère et gratuit,
est ici, à Rome. Ceux qui s'adressent au suffrage pour
obtenir des siéges de député savent ce qu'il en coûte.
Pour vous, qui venez à moi de partout, est-ce que je
vous paie? C'est vous, au contraire, qui m'apportez
l'argent dont j'ai besoin, »

Oui, à l'heure présente, le suffrage universel est à
Rome. De tous les points du monde accourent des
évêques, des prêtres et des milliers de fidèles pour déposer aux pieds de Pie IX le témoignage ardent de la
foi et de l'amour. S'il y a eu jamais ici une capitale de
l'Italie, je ne le sais pas ; mais aux rues de Rome inon-
dées de pèlerins, à ses basiliques remplies de pèlerins,
à son Vatican surtout envahi par les pèlerins, on re-
connaît la capitale du monde catholique. Le Saint-
Père, malgré la vigueur toujours renouvelée de sa
miraculeuse vieillesse, peut à peine répondre à ces
empressements passionnés de ses fils. Il suffira de dire,
pour le faire comprendre, que des audiences sont déjà

promises à des centaines de personnes chaque jour, jusqu'au 10 du mois d'août.

Au milieu de ce flof montant, le pèlerinage national a toujours couservé sa consistance et son unité, grâce aux réunions quotidiennes du matin. Chaque jour, en effet, quelqu'une des grandes églises romaines, indiquée dès la veille, présente à notre piété les enseignements de son histoire et le trésor de ses reliques, pendant que le double pain du voyage, l'Eucharistie et la parole de Dieu, nous sont distribuées.

Le mardi 15 mai, à Saint-Laurent-hors-les-murs, Mgr Cataldi, grand-maître des cérémonies à la basilique de Saint-Pierre, et le lendemain, à Sainte-Croix-de-Jérusalem, S. G. Mgr Marinelli, sacriste de Sa Sainteté, ont daigné célébrer notre messe de pèlerinage. Deux prêtres français, dont nous avons eu déjà le devoir de louer la fermeté de doctrine, la vigueur de pensée et l'ardeur de sentiments, nous ont adressé la parole. Le R. P. Vernhet a commenté la sentence de N.-S. Jésus-Christ, que son Vicaire venait de nous rappeler : *Non pro mundo rogo*, et le R. P. d'Alzon nous a montré comment la croix est le dernier mot de toute histoire humaine. C'est par la folie de la Croix que Jésus-Christ a voulu sauver le monde ; pourquoi s'étonner que l'Épouse du Christ doive passer par la Croix ? Où sont les rois en nos temps ? Il n'y en a qu'un de vraiment obéi et de vraiment aimé, et c'est le plus crucifié.

Nous avons visité à Saint-Laurent le magnifique *Campo Santo*. Pie IX y a fait élever un superbe monument à la mémoire des zouaves morts à Mentana pour la défense du Saint-Siége. Les gouvernants actuels ne l'ont pas détruit, mais ils l'ont décoré d'une inscription d'un grotesque si achevé que nous n'avons pas le courage d'en priver nos lecteurs. La voici : *Questo monu-*

*mento, che il governo teocratico ergeva a ricordo di mer-
cenarii stranieri, Roma redenta (!) lascia ai posteri, testi-
monio perenne di tempi calamitosi. S. P. Q. R. 24 oc-
tobre 1871.*

Nous nous sommes consolés de ces insanités en
allant baiser la pierre sur laquelle le glorieux diacre
saint Laurent fut déposé après son martyre. Le lendemain, nous avons prié, à Sainte-Croix-de-Jérusalem,
devant le fragment le plus considérable de la vraie
Croix que possède l'Église. Nous y avons vénéré aussi
la croix presque entière du bon larron. Voilà une relique devant laquelle certains puissants de ce monde
pourraient utilement méditer !

A partir du jeudi 17 mai, ce sont des évêques français, — Mgr Mermillod ne s'offensera pas de ce titre,
— qui nous ont fait l'honneur de leur présence et de
leur parole à nos réuuions du matin. C'est la Croix
encore, c'est l'amour des souffrances dont il nous a
montré l'admirable modèle au Vatican, que nous a
prêchés jeudi, à Saint-Paul-hors-les-murs, avec cette
douceur, cette suavité et cette onction que connaissent
tous ceux qui l'ont une fois entendu, Mgr Fonteneau,
évêque d'Agen. Il était beau d'écouter cet enseignement sur le splendide tombeau de l'apôtre captif et
martyr, dans la bouche duquel la parole de Dieu ne
fut jamais enchaînée.

Saint Sébastien, un martyr encore, nous appelait, le lendemain, vendredi, à sa basilique. Là, Mgr
de La Tour-d'Auvergne, archevêque de Bourges,
avec toute la dignité et la bonne grâce du grand
seigneur et de l'évêque, nous a adressé une charmante
allocution : « Je ne suis à Rome que depuis deux jours,
a-t-il dit, et l'on m'a déjà entretenu de tous côtés des
exemples d'édification donnés par le pèlerinage national. » C'était un hommage mérité. Il était bien dû à

cette nombreuse phalange d'hommes qui, chaque jour, se lèvent au moment de la communion pour se diriger ensemble vers la Table Sainte, précédés par le noble chrétien qui est le président du pèlerinage et le modèle des pèlerins ; il était bien dû encore à toutes ces dames qui, depuis le matin même du départ, malgré l'accumulation des fatigues, n'ont pas cessé de s'astreindre à un jeûne quotidien prolongé, afin de communier aux messes du pèlerinage.

— Vous devez emporter de Rome, nous a dit ensuite Mgr de La Tour-d'Auvergne, un souvenir et une espérance : le souvenir sans doute de la ville de l'Église, de la ville des Papes, mais encore le souvenir du Pontife qui domine tout, de celui que nous appellerons la lumière qui ne s'altère pas, le droit vivant qui ne cède pas. Partez aussi le cœur plein d'espérance, malgré les apparences contraires. Est-ce que Pie IX cesse d'espérer ? Est-ce que ses conversations intimes, comme ses paroles publiques, ne sont pas pleines de confiance ? « Je ne suis pas le secrétaire du bon Dieu, me disait-il un jour, et je ne puis pas connaître avec précision les événements de l'avenir, mais du succès final, je n'en doute pas. — Je ne sais, ajoutait-il encore, mais en voyant la vieillesse que Dieu me donne et les forces qu'il veut bien me conserver, je suis porté à croire qu'il me réserve pour quelque chose. » Soyons donc, comme Pie IX, animés par l'espérance. Les Papes sont sortis de Rome trente-huit fois, et trente-huit fois les Papes y sont rentrés ; nous n'avons pas de motifs de désespérer de la trente-neuvième.

Le pèlerinage national ne pouvait pas quitter Rome sans donner une de ses pieuses matinées à l'église de Saint-Pierre-aux-liens, où le cardinal Castiglione, qui allait devenir Pie VIII, consacrait, il y a cinquante ans, le jeune évêque qui, un jour, deviendrait Pie IX. Hier

samedi, à huit heures, nous étions réunis au pied de
l'autel, dans cette église déjà rajeunie et transformée
à l'occasion des fêtes du mois de juin. Pour traduire
nos émotions, pour célébrer les grands souvenirs qui
se pressaient dans notre mémoire, pour rendre hommage au bien-aimé Pontife dont nous sommes venus
honorer le glorieux jubilé, nous aurions souhaité une
lèvre d'or, une âme d'apôtre et le cœur d'un fils de
prédilection de Pie IX. C'était beaucoup d'ambition.
Dieu a daigné y condescendre, et il nous a envoyé
Mgr Mermillod.

On connaît les séductions de cette éloquence, ces
vivantes images et ces perpétuels éclairs qui tiennent
l'esprit de l'auditeur toujours en fête, cette grâce attirante qui émane de toute la personne de l'orateur, de
l'attitude, du geste, de l'accent, du sourire et du regard, et qui vient s'ajouter au charme supérieur de la
vertu éprouvée et de la persécution soufferte pour la
justice. Pendant près d'une heure, l'illustre évêque
nous a tenus dans l'enchantement. Il a félicité d'abord
les dévoués organisateurs des pèlerinages, de ces croi-
sades pacifiques qui étonnent le monde et qui le vain-
cront. Il a rappelé ensuite que des chaînes de saint
Pierre était partie la première bénédiction épiscopale
de celui en qui nous étions venus contempler Pierre
dans sa plus douce, se plus attirante, sa plus suave
apparition. Pie IX, comme son divin Maître, a été
posé pour la ruine et le salut de beaucoup. Quand les
siècles se lèveront pour regarder en arrière, la figure
qu'ils apercevront seule dominante sera celle du Pontife de l'Immaculée-Conception et du Concile du Vatican. On le persécute, on le menace ; qu'importe ?
« Vous pouvez tuer Vigile, disait un de ses prédécesseurs, mais vous ne tuerez pas Pierre. » Que de fois,
depuis dix-huit cents ans, on a creusé le tombeau du

Pape et on a cru sceller définitivement la pierre. Mais les anges ont apparu au-dessus de la tombe, et ils ont chanté : Il n'est plus là, il est ressuscité !

Vous êtes venus à Rome chanter le cantique de l'unité et de la charité ; vous en repartirez meilleurs ; car on ne touche pas à Rome plus impunément qu'à un tabernacle. On ne saurait en sortir tel que l'on y est entré. Rome est le grand tabernacle où son Vicaire garde Jésus-Christ pour le distribuer au monde. Partez de Rome avec une âme de saint, un cœur d'apôtre, un courage de martyr.

L'évêque exilé a prié ensuite pour la France, sa patrie d'adoption, et pour son Eglise de Genève, qui porte, elle aussi, le titre trop justifié de Saint-Pierre-aux-liens, et enfin il nous a jeté un dernier cri d'encouragement : Soyez apôtres pour travailler avec Pie IX à convertir le monde, avec Pie IX, qui me disait un jour : « Dieu a donné le monde à Jésus-Christ, et Jésus-Christ me l'a donné pour que je le rende à Dieu. »

Rome, 22 mai.

Le pèlerinage national part ce soir à deux heures ; mais nous ne faisons pas nos adieux à Pie IX, ni à sa capitale. On n'adresse pas ses adieux à Rome, ni au Pape, nous a dit ce matin même le R. P. Picard ; Rome et le Pape c'est l'Eglise et, grâce à Dieu, nous ne sortons pas de l'Eglise. Nous vivrons partout unis avec Rome et le Pape.

Ces paroles nous étaient dites dans l'église Sainte-Marie-de-la-Minerve, où la dernière messe du pèlerinage, à Rome, a été célébrée sur le tombeau de sainte Catherine de Sienne. Son corps repose dans un sarcophage de marbre blanc, que commanda saint Antonin, lorsqu'il était prieur du couvent. Des lampes brûlent sans cesse devant l'autel en son honneur.

A gauche, nous avons baisé le pied d'un Christ en marbre sculpté par Michel-Ange, et, dans le vestibule qui longe le chœur, nous nous sommes arrêtés avec émotion devant la tombe du grand artiste chrétien Fra Angelico de Fiesole. Comme le proclament les vers gravés au-dessous de son effigie sculptée, il a légué à la terre des chefs-d'œuvre et ses bonnes œuvres l'ont précédé dans le Ciel :

Non mihi sit laudi quod eram velut alter Apelles.
Sed quod lucra tuis omnia, Christe, dabam
Altera nam terris opera exstant, altera cœlo.

Puisqu'il faut s'éloigner de la personne de Pie IX et quitter les murs de Rome, que l'on nous permette auparavant de résumer en quelques mots nos impressions.

Les réunions du matin maintenaient l'union des pèlerins et l'unité du pèlerinage. Mais pendant le reste de la journée une intelligente direction nous laissait pleine liberté. Nous en avons fait usage pour voyager beaucoup à travers les rues de Rome, et la grande ville s'est montrée à nous avec la physionomie que Dieu et les Papes lui ont faite.

Rome, d'abord, nous a apparu comme la grande ville sainte. Elle est couverte d'églises, et toutes ces églises sont opulentes de richesses spirituelles. Sous les autels sont déposés les corps des saints. Dans les *sacraria*, on conserve d'innombrables reliques envoyées par le monde entier à sa vraie capitale ; sous les dalles ou dans les monuments de bronze et de marbre qui décorent les murailles, reposent des milliers d'hommes que l'Eglise n'a point canonisés, mais dont la vertu et le mérite ont réjoui la terre et triomphent aujourd'hui dans le ciel. Au dehors, vous ne sauriez faire un pas sans éveiller, sur votre passage, quelque merveilleux souvenir chrétien. Ici les saints ont vécu ; là les grands hommes du christianisme ont écrit ou parlé ; ailleurs, ou plutôt partout, la terre s'est imprégnée du sang des martyrs. Partout encore, pour glorifier l'Eglise, pour honorer ses enfants, pour consacrer le souvenir de ses douleurs et de ses victoires, des centaines d'artistes de génie ont multiplié les chefs-d'œuvre. Pour le même objet, les pierres les plus précieuses, le marbre, l'argent et l'or ont été mis à contribution, et ils s'arrondissent en coupoles, ils se dressent en colonnes, ils s'épanouissent en splendides mosaïques.

Rome ensuite a une physionomie toute particulière de victorieuse. La Rome de saint Pierre a fait la conquête de la ville d'Auguste et de Néron ; elle l'a saisie et l'a couchée, domptée et soumise, aux pieds de Jésus-Christ. Les portes de bronzes et les colonnes des temples païens ferment les entrées ou soutiennent les voûtes des églises chrétiennes, les colonnes triomphales des empereurs portent vers le ciel les statues des saints ; les obélisques de la vieille Egypte, relevés de terre par la main des papes, proclament, dans d'éloquentes inscriptions, la victoire du lion de Juda ; tous les débris du paganisme, soigneusement conservés, restent là, sous l'ombre de la croix, irrécusables témoins de son triomphe.

A l'heure présente, il est vrai, des hommes sont venus qui se disent *progressistes* et qui voudraient, qu'on nous permette le mot, retourner Rome. Ils travaillent à jeter la croix dans le fossé et à rétablir sur le trône d'honneur les impurs débris. Ils prétendent enlever au Pape cette Rome qui est l'œuvre des Papes ; car ils l'ont remplie de leurs bienfaits et des souvenirs de leur vie et de leur mort ; ils l'ont marquée, sur toutes ses faces, de leur empreinte. Pour que Rome cesse de crier par toutes les pierres de ses monuments : « Je suis la ville des Papes et de l'Eglise, » il faut que l'on promène sur son front la charrue ; et encore le moyen serait-il inefficace, car on ne ferait pas disparaître le sol que le sang des martyrs a trempé et que le pied des docteurs et des pontifes a consacré.

Mais le travail de ces hommes produit, hélas ! et produira beaucoup de ruines. Ceux des pèlerins qui avaient autrefois visité Rome ont pu surtout le constater. Ils ont vu un grand nombre de communautés et de monastères veufs de leurs habitants ; ils ont vainement demandé aux basiliques romaines ces incomparables solennités que présidait le Pontife suprême, et qui auraient eu tant d'éclat en cette année du jubilé de Pie IX. Vainement encore ils ont cherché dans les quartiers et dans les rues de Rome ces manifestations chrétiennes, ces cérémonies religieuses dont la piété du peuple les rendait presque quotidiennement témoins.

Ils songeaient avec tristesse que naguère encore l'épée de la France gardait Rome pour le Pape, et que l'épée de la France n'est plus là. De grandes fautes, que nous rappelait avant-hier, dimanche de la Pentecôte, dans l'église Saint-Augustin, Mgr Forcade, archevêque d'Aix, de grandes fautes lui ont mérité le châtiment, entre beaucoup d'autres, d'être dépouillée de la force même indispensable à sa mission divine ; deux surtout, disait avec une énergique éloquence le vénéré prélat : l'apostasie sociale dont la première elle a donné l'exemple, et la violation scandaleuse de la loi du dimanche. Espérons que les larmes de la pénitence lui obtiendront bientôt la puisssance et la volonté de reprendre auprès du Saint-Siége sa garde d'honneur.

Cette parole d'espérance ne pouvait être que bien accueillie, prononcée devant l'autel au-dessous duquel repose le corps de sainte Monique. Sainte Monique, en effet, c'est la persévérance dans la supplication et les larmes, c'est l'espérance contre l'espérance, c'est la prière victorieuse de tous les obstacles. Aussi, avant de nous retirer avons-nous prié pour notre patrie, le cœur plein d'une indomptable confiance, devant cette madone *del Parto*, objet d'une si ardente dévotion populaire, la suppliant, elle qui a enfanté le salut du monde, de devenir le salut de la France.

C'est bien encore un sentiment d'espérance que nous a laissé la fête d'hier, 21 mai, cinquantième anniversaire de la préconisation épiscopale de Pie IX. Nous ne voulons pas décrire les solennités de la messe pontificale, célébrée à Saint-Pierre, sur l'autel papal, par S. E. le cardinal Borromeo. Nous ne parlerons pas non plus de l'audience solennelle dans laquelle le prince Altieri, au nom de la Société romaine, et de la part de toutes les nations catholiques, dont les députations étaient présentes, a offert au Saint-Père les dons envoyés par le monde entier. Mais quelle impression nous avons emporté hier au soir de la basilique de Saint-Pierre !

Les rayons déjà affaiblis du jour et la multitude des fidèles répandus dans l'enceinte sans la remplir, permettaient de voir le monument dans la réalité de ses proportions. Il apparaissait immense, vrai temple du Pontife universel, ouvert aux envoyés de toutes les nations ; il apparaissait inébranlable, vrai symbole de l'institution divine, assise sur la pierre qui brise tous les assauts de l'enfer. Un *Te Deum* d'allégresse retentissait sous ses voûtes. Il louait Dieu d'avoir réservé à notre siècle, entre tous les temps, ce signe unique de miséricorde d'un Pontife pape depuis trente-un ans, évêque depuis cinquante ans. Or il nous semblait que ce *Te Deum* n'était qu'un prélude, et nous chantions d'un cœur plein de confiance ; *Benigne fac, Domine...*, *ut ædificentur muri Jerusalem* : Faites, Seigneur, que les murs de la nouvelle Jérusalem soient non pas construits, mais délivrés, et alors les fils de votre Église viendront des quatre vents du Ciel, ici, dans ce temple de votre gloire, et votre Pontife, qui sera encore Pie IX, vous offrira, au milieu des chants de triomphe, le sacrifice que vous aimez : *Tunc acceptabis sacrificium, oblationes et holocausta!*

Turin, 24 mai.

Le pèlerinage national touche à sa fin, et lorsque cette dernière note paraîtra, elle ira trouver à peu près tous les pèlerins à leurs foyers. Avant de se séparer, ils auront encore une fois uni leurs prières, dans la chapelle de Notre-Dame-de-Salut, à la rue François Ier. Encore une fois, toutes les lèvres et toutes les âmes auront envoyé vers le ciel et le chant du *Credo* et le cantique *Pitié, mon Dieu, c'est pour notre patrie*, et le *Tu es Petrus*, alternant avec les strophes du *Magnificat*. Ce que nous pouvons garantir, c'est que, dans cette prière des adieux, personne n'aura oublié le président et les zélés directeurs du pèlerinage, dont l'intelligence et le dévouement ont été, toujours et partout, si vivement appréciés de tous.

Les stations du retour ont été moins nombreuses que celles de l'arrivée, mais elles n'ont été ni moins précieuses, ni moins charmantes. Hier matin, mercredi, à six heures, nous étions agenouillés devant le corps, présenté à nos regards dans la châsse de cristal qui le renferme, de sainte Catherine de Gênes, la glorieuse servante des pauvres. Nous avons traversé les salles de cet hospice où, sur la terre, elle leur prodiguait des soins, où, maintenant, elle fait descendre sur eux les grâces du ciel, et nous avons eu ensuite la consolation de visiter la pauvre cellule qu'elle avait choisie pour habitation, et dont elle a décoré elle-même les murailles de peintures pieuses.

Nous étions attendus à Gênes, comme partout, par les membres de la *Société de la Jeunesse catholique,* comme partout gracieux et empressés au service des pèlerins. Le président, M. Luigi Corsanego-Merli et plusieurs de ses vaillants auxiliaires, M. le marquis Flavio Durazzo et MM. Jean Rivara et Jean-Baptiste Vassallo, ont bien voulu se faire, pendant les quelques heures de notre séjour, nos très-obligeants *ciceroni.*

Dans la chapelle de Sainte-Catherine, Mgr Arnaldi, protonotaire apostolique, nous a apporté le salut de bienvenue et la bénédiction de S. G. l'archevêque de Gênes. Mgr Arnaldi nous a adressé un discours en français ; il ne s'exprimait pas dans cette langue sans quelque difficulté, et c'était un charme de plus de voir la pensée, l'image et le sentiment surtout, déchirer la phrase et faire éclater le mot pour apparaître nets, clairs et vivants. Il a célébré ce pape prodigieux que nous venions de contempler, pour qui Dieu a renversé l'ordre accoutumé des choses. Vieillard, au lieu d'être soutenu, c'est lui qui soutient le monde ; dépouillé et pauvre, il est riche des aumônes du monde entier. Pour lui, les limites du temps sont vaincues ; il a vu les années que nul de ses prédécesseurs n'avait comptées; les barrières de l'espace sont abattues : il a la joie de bénir, agenouillés aux pieds de son trône, ses fils accourus des extrémités de la terre.

Le saint prélat, — nous n'avons pas l'honneur de connaître Mgr Arnaldi, mais la sainteté est peinte sur son visage, — a parlé ensuite de la France en des termes tellement émus, que le fils le plus dévoué de cette bien-aimée France, comme il l'a plusieurs fois appelée, n'en aurait pas trouvé de meilleurs. « Je te vois pleurer, lui disait-il, parce que ton épée est brisée ; mais mon cœur me dit ce mot : La victoire te reviendra, et je t'aperçois à ta place, à la place qui t'appartient, de reine des nations catholiques. Qu'il en soit ainsi ! Qu'il en soit ainsi ! »

Les pèlerins se sont rendus ensuite à *San-Lorenzo*, église cathédrale de Gênes. Le *trésor* nous a été ouvert. Nous ne parlerons pas des grands reliquaires, merveille de ciselure qu'il renferme, ni des vases sacrés, simplement remarquables par la matière et le travail. Ce qui a été avant tout l'objet de notre vénération, c'est le *sacro Catino*, ce plat de verre conservé par saint Jean, sur lequel Notre-Seigneur accomplit, au soir de la Cène, la première consécration ; et encore le disque en agathe où la tête de saint Jean-Baptiste fut présentée à la courtisane Hérodiade.

Sortis de la cathédrale, nous avons pu, du haut des balcons de la promenade publique, promener nos regards sur le port et sur les édifices de Gênes-la-Superbe, et visiter ensuite quelques-uns de ses palais. Mais l'heure pressait, et bientôt nous étions en route pour Turin, où les représentants de toutes les œuvres catholiques de la ville nous attendaient, le soir, à *l'Hospice* ou *Oratoire de Saint-François-de-Sales*, c'est-à-dire dans la maison de Dom Jean Bosco.

Nous avons dit un mot, à notre premier passage à Turin, de cette œuvre de Dom Bosco, qui compte huit ou dix maisons très prospères, et qui forme aux arts et métiers, non moins qu'aux études primaires et secondaires, selon leurs dispositions et leurs aptitudes, des milliers de jeunes gens de tous pays. Lorsque le serviteur de Dieu l'a commencée, il était riche de huit sous. Nous nous permettons de recommander son système aux méditations des économistes.

En arrivant, nous avons aperçu la coupole de l'Oratoire brillamment illuminée. A l'intérieur, des guirlandes de feu au milieu desquelles éclatait le chiffre de Pie IX décoraient la cour. Des morceaux de musique accompagnés de chants ont été exécutés à plusieurs reprises, toujours avec un goût parfait, par de jeunes artistes, tous élèves de la maison. Le vénérable Dom Bosco nous a salués et félicités d'être allés à Rome « contempler la merveille de ce siècle, la gloire de l'Eglise, la fortune du monde, l'incomparable Pie IX. » Nous ne chercherons pas à reproduire son discours si touchant et si simple, puisqu'il a eu la délicate attention de l'offrir, comme l'expression des sentiments de nos frères d'Italie, à chaque pèlerin.

Après Dom Bosco, le président de la *Société de la Jeunesse catholique*, M. le comte Cesare Balbo, et le secrétaire, M. Alberto Buffa, ont pris successivement la parole en français. Ils ont bien voulu se féliciter de ce que Turin avait eu les premières et les dernières heures de notre pèlerinage, et après avoir attesté l'union de nos esprits et de nos cœurs, ils nous ont fait la précieuse promesse d'en donner la preuve, en venant de nouveau prier dans les sanctuaires de Lourdes, de la Salette et du Sacré-Cœur. Ensuite, le chevalier Raimondo Cugia a donné lecture, avec toute la verve d'un poète et d'un méridional, d'un hymne de sa composition, italien et français, en l'honneur de Pie IX, dont il a fait hommage, paroles et musique, aux pèlerins présents.

Le R. P. Picard a répondu au nom des pèlerins français. Dans une chaleureuse improvisation, émaillée comme toujours de traits pleins de piquant et d'à-propos, il a protesté contre le mot de séparation et proclamé l'union : union sous la protection de Marie-Auxiliatrice, patronne de la maison, dont on célébrait la fête le lendemain ; union sous l'autorité de Pie IX, dont il apercevait devant lui le nom écrit en lettres de flammes ; union dans la charité avec dom Bosco et son œuvre admirable ; union dans l'activité et le zèle avec cette jeunesse catholique qui nous a partout accueillis avec tant de cordialité et de bonté ; union dans la souffrance et dans l'épreuve pour préparer l'union dans le triomphe ; union enfin de la véritable France, la France catholique, avec la véritable Italie, l'Italie de Pie IX. Le R. P. Picard a terminé par de vifs remerciments pour tous les catholiques italiens qui nous ont comblés de prévenances, et spécialement pour les catholiques de Turin, dont le charmant accueil peut vraiment être appelé le bouquet de cette longue fête d'un mois qui a été notre pèlerinage !

Un souvenir de Rome a été ensuite distribué aux enfants de Dom Bosco, puis les pèlerins se sont retirés. Ceux qui ont eu, comme nous, l'heureuse inspiration de s'attarder, ont pù être témoins d'un spectacle qui allait au cœur. Tous ces enfants se sont agenouillés sur le sable de la cour, tournés vers la chapelle, dont la coupole illuminée resplendissait dans la nuit, et ils ont entonné un cantique à Marie. Ce cri mélodieux des fils de la charité vers la Vierge-Auxiliatrice nous est resté dans l'oreille comme un dernier et suave écho de toutes les harmonies de ce grand pèlerinage à la ville capitale du monde catholique, au seuil des saints Apôtres, aux pieds de l'immortel Pie IX, du Pontife que Dieu a choisi pour le couronner de gloires jusque là inconnues.